REFLEXIONES

DE UN PEREGRINO

Eva Cruz Salinas de Guajardo

Reflexiones
de un
PEREGRINO

PALABRA PURA
palabra-pura.com
2019

Reflexiones de un peregrino
Copyright © 2019 por Eva Cruz Salinas de Guajardo
Todos los derechos reservados.
Derechos internacionales reservados.

ISBN: 978-1-951372-01-9

Ninguna parte de este manual puede ser reproducida en ninguna forma por medios mecánicos o electrónicos, incluyendo almacenaje de información y sistemas de reproducción sin permiso previo por escrito de los editores.

Diseño de portada y formato: Iuliana Sagaidak
Editorial: Palabra Pura, www.palabra-pura.com
Categoría: POESÍA / Inspiracional y Religioso

IMPRESO EN ESTADOS UNIDOS DE AMERICA
PRINTED IN THE UNITED STATES OF AMERICA

Índice

Prefacio	10
La cruz del peregrino	14
Jesús de Nazaret	16
Mi testimonio de amor... Para Jesús	18
La Peña herida	20
A mi madre (Adelaida)	22
Pedro y Juan	25
La tumba vacía	29
Mi gratitud al Médico divino	31
El hijo pródigo	32
Bienvenida	35
La paz divina	37

El Buen Pastor	39
Bienvenida de Navidad	41
Plegaria de Año Nuevo	42
Al escalar mi senda	43
El Libro Santo	45
La ciudad celestial	46
El jardín de mi alma	48
Canto al amor	49
Un llamado... al Pastor divino	52
Ya no siento piedad	53
Adelante juventud cristiana	55
Noche serena	56
El mártir de Niza	57
Al pastor (en su cumpleaños)	59
Cumpleaños	60
El gusano y la rosa	61
Luces en medio de mis sombras	62
A mi madre	64
Memoria a mi padre	65
El paraíso perdido	67
A mi esposa amada	68

Te seguiré Señor	69
El clímax de mi alma	71
A una compañera	72
A una hermana (en su cumpleaños)	73
A una madre enferma (canto)	75
Cerca ya al ocaso de mi vida	75

Prefacio

Eva Cruz Salinas nació en Progreso, Coahuila, México, el 20 de septiembre de 1920.

Luego de una plácida niñez, Eva Cruz tuvo una juventud tormentosa. Contrajo una penosa enfermedad que en aquel tiempo era fatal: la tuberculosis. Aunque tuvo los cuidados y tratamientos médicos que pudieron dársele, su salud, antes de mejorar, empeoraba; a tal punto que el médico que la atendía le informó que el tratamiento no había dado los resultados esperados, que no había más que hacer, y que su vida llegaría a su fin pronto, quizá en una semana, máximo en un mes o con suerte dos.

En esos días había llegado a un pueblo cercano un predicador cristiano, quien oraba por los enfermos y eran sanados y esto llego a oídos de Eva. Así que tuvo esperanza: su última esperanza era que este hombre impusiera sus manos sobre ella y que el milagro de sanidad sucediera. El predicador estaba ministrando en Sabinas, un pueblo cercano a Progreso, a 82 km de distancia en carretera; así es que la señorita Eva Cruz pidió a uno de sus hermanos le llevara a Sabinas.

El hermano de ella que estuvo dispuesto a ayudarle se demoró en salir, y cuando llegaron al servicio no había gente, tan sólo unas cuantas personas afuera de edificio, quienes les informaron la triste noticia: el servicio terminó más temprano de lo acostumbrado, la campaña había concluido y el predicador ya había abordado un autobús e iba de camino para ministrar en otro lugar.

Ambos regresaron a casa frustrados y desilusionados. Al llegar, no había más que hacer, por lo que todos se fueron a dormir. Sin embargo, en su aposento, la joven Eva no podía conciliar el sueño; sentía que su vida llegaba a su fin. Fue entonces —quizá a la una o dos de la madrugada— que ella se levantó de la cama mientras los demás seguían durmiendo. Era una noche de verano, la luna alumbraba con su luz opaca y un suave color plata se veía por doquier; y atrás de la casa, en el patio, había algunas plantas, y un árbol laurel entre ellas. Eva fue ahí, y alzando los ojos al cielo, elevó una oración desde lo profundo del corazón diciendo: «Dios, si tú existes, sáname; y yo te serviré por el resto de mi vida». Cuando ella terminó tan simple oración, sintió un extraño calor sobre todo el cuerpo, desde la cabeza hasta los pies; entonces ella creyó a Dios, tuvo fe que Él había efectuado el milagro, tuvo una gran confianza en Él y sintió paz en su corazón; así que, regresó a la cama y durmió con tranquilidad aquella noche.

Al día siguiente su madre le llevó el «montón» de medicinas que ella solía tomar cada mañana, pero Eva rehusó tomarlas. En su lugar, pidió a su madre le sirviera un buen desayuno. Ante esto, su madre empezó a llorar; pensó de inmediato que su hija moriría. Eva entonces le dijo: «Mamá, no llores, no moriré, ¡Dios me ha sanado!».

Eva se recuperó de su enfermedad y esta nunca más le atacó. Cuando fue al médico, él le confirmó que estaba totalmente sana, en perfecto estado de salud.

Así fue como la señorita Eva Cruz se dedicó desde ese día, y por el resto de su vida, a predicar acerca de Aquel que había hecho el milagro en ella: el Señor Jesucristo. No obstante —ella declaró luego—, que el milagro más grande que una persona puede recibir es conocer a ese Dios lleno de amor; un Dios compasivo, un Dios que nos anhela, que quiere bendecirnos.

En su vida, Eva Cruz, mi amada madre, predicaba la palabra de Dios y también escribía poesía, ese era uno de sus dones.

Hoy, es una bendición para mí el recuerdo de mi

madre. Ella fue una sierva de Dios, una mujer que trabajó incansablemente para que la fe en Dios cambiara la vida de las personas. Es, por tanto, un honor para mí presentar al mundo su trabajo literario: estas bellas poesías; y lo hago con la firme confianza de que serán de gran bendición e inspiración a todo aquel que las lea.

Samuel Guajardo Cruz
Lake Jackson, Texas.
Septiembre, 2019.

La cruz del peregrino

Caminaba por el valle de sombras en la vida…
Ya casi me abrumaba el peso de mi cruz,
Es algo exuberante pensaba entristecida…
El peso de las penas que me dio Jesús.

Cuando este pensamiento obsesionaba
Mi débil e inconforme corazón,
Vi otro peregrino que postrado estaba
Implorando al cielo compasión.

Me quedé atónita observando
Aquella trascendente escena,
Vi a un ángel descender volando,
A consolar aquella grande pena.

«¿Qué quieres —*preguntóle* al peregrino—
Que haga en tu favor oh buen hermano?»
«Que tomes esta cruz, y mi camino
Me dejes seguir ya sin ser cristiano».

Vi al ángel sonrojarse y con presteza,
Tomó en sus brazos aquella cruz sagrada,
Y llevándola a su pecho con tristeza,
Sutilmente a ella susurraba.

Oh divina cruz... cuán despreciada
Eres por el hombre inexorable,
Que austero te deja abandonada,
Para seguir su instinto deplorable.

Todo esto observaba ocultamente
La cruz y el ángel "La Deidad amada".
Oí del ángel cantar tan dulcemente
Que allí mi corazón lloraba.

Pasado un tiempo de esperar ansiosa,
Ya mi esperanza también languidecía,
Cuando de pronto a lo lejos presurosa
Una tenue figura en el ocaso aparecía.

Y al acercarse más y más...
    Fue grande mi sorpresa
    Al vislumbrar al mismo peregrino
    Que aquel día obstinado y con simpleza
    Dejó la cruz que Dios puso a su destino.

Le vi llegar triste y callado,
Su cabeza baja, su semblante grave,
Y al llegar al ángel le miró humillado.
    Tomó su cruz con singular presteza
    La puso en sus hombros, y levantó su frente
    Y cambiando luego en gozo su tristeza
    Siguió su senda con amor latente...
    Y el ángel *perdióse* entre la alteza...

Desperté azorada de este sueño
Y pude interpretar por intuición
Que el Señor me habló por este medio
Al ver mi constante rebelión.

Desde entonces mi vida es diferente
La cruz del Señor no me es penosa,
La tomo a diario con amor fehaciente
Lo que era espina se tornó en rosa
    Al aprender del peregrino la lección.

Progreso, Coah.
14 de Febrero de 1947

~~~ JESÚS DE NAZARET ~~~

Si mis ojos por ventura hubieran sido...
Los que en ti se extasiaron al mirarte...
Nunca creo comprender, ni haber tenido
Un concepto real... para explicarte.

Es tan grande el amor que en ti se encierra...
Que mi alma se enternece al mediarlo,
Que el autor de los cielos y la tierra...
Haya muerto en este mundo... por salvarlo.

Y en mis horas de extrañas agonías,
Me pregunto el porqué de tu quebranto,

Si en un cielo celeste tu vivías,
Descendiste a un mundo… a derramar tu llanto.

Y en éxtasis de amor… voy a la cruz,
Do contemplo tu rostro agonizante;
Y te veo muriendo mi Jesús
En un madero cruel… yerto y sangrante.

Y al mirarte… una voz firme y callada
Se difunde en mi ser con dulce calma
Y me dice que esa sangre derramada
Era el precio de tu amor para mi alma.
    Mas entonces una mano tersa y fina,
    Me levantó con amor inmaculado,
    Y al mirar hacia la cruz de tu pasión divina
    ¡Oh que gozo!, la visión se ha transformado.

Hoy contemplo a ese Cristo sacrosanto
Que refleja a Dios mismo en su semblante;
Mas me mira dulcemente y con encanto,
Y al mirarte fervorosa y suplicante…
    Vuelvo a mi… ¿Y mi Cristo? Ya se ha ido
    Era un sueño de mi mente delirante
    De esos sueños celestiales que he tenido.

2 de enero de 1949

Mi testimonio de amor... para Jesús

En vano has tratado, oh alma mía...
De hacerme callar... no podría,
¡Testimonio de amor!... es mi poema.

La historia de mi vida... bien quisiera,
Que dulce y placentera fuese,
Más si así la narrara... yo mintiera,
Y no puedo negar lo que Él merece.

Al evocar recuerdos del pasado
Mi vida entera se enternece,
Aquella vida que viví en pecado
Tan solo su recuerdo me entristece.

Las sombras del pecado en mis caminos
Pervirtieron el sentir de mi existencia;
Y hundiéndome en graves desatinos,
Que callaron la voz de mi conciencia.

Y cual nave que perece en la tormenta,
Y se agita en la mar, ya sin consuelo,
Así mi vida entre la lucha cruenta,
Del pecado que reina en este suelo...

Más de pronto, una luz inesperada,
Ilumina mi lóbrega existencia,

La palabra de Dios me fue anunciada,
En mi grave y fatal recrudescencia.

Oh grata sorpresa *indescriptora,*
Saber que Cristo el Salvador me amaba,
Y a mí, que siendo pecadora
De su amor admirable me ofrendaba.

Y era tanto el amor que me brindaba
Ese gran Salvador… bueno y clemente,
Sin poder resistir… así postrada,
A sus plantas contrita y reverente.

Que cambio, que gloria, que vestigio,
Sentirme desde entonces transformada…
De ninguna maldad quedó vestigio,
Con su sangre expiatoria fui sanada.

Mas, oh cierto es que, aunque le amaba,
Y mi vida no quise consagrarle…
Cuántas veces como Pedro le negaba…
Cuando era mi deber el confesarle…

Mas ahora a Él vivo consagrada,
Soy oveja de su prado sacrosanto,
En su senda de paz voy encantada.
Nada temo con Pastor tan santo…

Y si en mi senda de pronto encuentro abrojos,
Mi pastor los transforma en bellas flores,

Y me pienso... ¿qué será cuando mis ojos
Contemplen al Señor de los Señores?

Abril 8 de 1947

～≫ La Peña herida ≪～

En el desierto de Zin... camino a Canaán,
Hay una Peña herida... que fluye aguas celestiales
Que saciará la sed... y gozo y refrigerio dan,
Al alma que sedienta se allega a sus caudales.

Y yo transitaba, por este gran desierto
Del mundo... ya cansada y sedienta me sentía...
Y al ver la Peña herida... *llenéme* de ironía,
Y solo me decía, con grande desacierto:
«¿Qué una Peña puede saciar el alma mía?...
Es algo que conmueve, mas no lo creo cierto».

Y ya que me encontraba al pie de la montaña
Y ya me encaminaba al valle del olvido,
Miré hacia la Peña... Y una fuerza extraña
Me atrajo hacia la fuente *do* emanaba el fluido;

Postréme hacia su álveo de agua... y había
Y *fuéronme* tan dulces y gratas al tomar...

Que mientras más bebía, mi alma me decía
Aquí tan sólo puedo por fin mi sed saciar.
    Y así que hube saciado la sed del alma mía;
    Alcé mi rostro al cielo, y pude comprender;
    Que aquella Peña era tan sólo alegoría…

Le vi en visión, sangrante, pensamiento de la Cruz,
Y un amor sagrado sentí por su pasión,
Y al verle agonizante le dije: ¡Mi Jesús!
Del valle me separo… para darte adoración.

Quedéme muy gozosa al lado de la roca,
Tomando aguas de vida, cuál miel en su panal
Comiendo Pan del cielo que sustentó mi boca;
Y dio a mi ser entero, un gozo celestial…

Mas siendo tan feliz, aún no he comprendido,
Por qué el corazón se inclina a la maldad…
Volvíme poco a poco al valle del olvido,
Dejando aquella Roca de paz y santidad.

¡Qué hermoso se presenta el valle a la llegada
Las flores y las aves simulan gran placer;
«¡Aquí también hay paz!», me dije embelesada
Al ver la fantasía de aquel atardecer.

Pasáronse los meses y llegó el invierno,
Las flores se marchitan… las aves enmudecen…

Y aquél hermoso valle... se tornó en un yermo
Donde sólo las tinieblas permanecen...

Y yo quise escapar más fue para caer
En medio de un pantano de aguas cenagosas;
Y en pago a mi maldad... con quejas lastimosas.
Mi alma me pedía: «Dame de beber».

Y allí sedienta el alma se moría
De sed de salvación, que yo le hube negado
Y en medio de mi angustia clamé: «¡Oh Roca mía!
Si grande es tu piedad... perdona mi pecado».

Y así esperando... quedé desfallecida
Tornóme un sueño suave... quizá el eternal.
Mas al volver en mí... la muerte fue vencida
Y estaba transportada al pie del manantial...
Tomando el agua santa... de la Peña herida.

18 de enero de 1948

A MI MADRE (ADELAIDA)

(Dedicado a mi querida madre Adelaida Salinas Chapa de
Cruz para el día 10 de mayo de 1948)

No tengo para ti en este día
El bello poema que inspirar quisiera,

Tan solo he de confesarte, ¡madre mía!
Lo que hablarte he querido... Y no pudiera.

Quiero decirte cuan feliz me siento,
Porque Dios te conserva todavía,
Si en mis horas de acervo sufrimiento,
Tú me hubieras faltado... moriría.

Hoy comprendo lo mucho que sufriste
Desde antes que naciera;
Y después, los afanes que tuviste,
Sin que, madre, jamás los comprendiera.

Y así fueron tus años madre mía,
Sólo afanes, cuidados y desvelos...
Mas tu amor los sufrió con alegría
Ese amor... comparable al de los cielos.

Y en tu amor quizá nacía la esperanza,
De que el tiempo pronto transcurriera;
Fue tan pura y santa tu confianza,
En el fruto que después yo diera...

Llegóse al fin el día en que me viste,
Cuál era la ilusión que tú soñabas,
No era ya la infante que *meciste;*
Ni la incauta niña por quien tu llorabas.

Mas cuando era tiempo de alegrarte,
Y velar por ti, cual tú por mí lo hiciste...

Enferma fui en vez de venerarte,
Al lecho del dolor, sombrío y triste.

Y allí en mi soledad imaginaba,
Que tan solo Jesús era mi amigo,
Mas volteando la cabeza te miraba,
Insomne... más velando allí conmigo.

Y no comprendo el amor que te incitaba,
A compartir conmigo el sufrimiento...
Ese amor, que en tus ojos yo miraba,
E inundaba mi alma de contento.

Ruego a Dios que en los años venideros,
Me conceda el deber de venerarte;
Y sature de gracia mis senderos...
Y con ella siempre pueda yo alegrarte.

Mas no solo en esta vida peregrina
Es mi anhelo estar siempre yo a tu lado;
Nuestra vida es tan corta y se termina...
Cual las rosas... cuando llega el viento helado.

¡Madre mía!, es Jesús únicamente
El que puede concedernos dicha tanta
De vivir en el cielo eternamente;
Siempre unidas en mansión tan santa.

14 de marzo de 1948

PEDRO Y JUAN

Hubo en tiempos remotos de la historia,
Cuando la iglesia cristiana su fervor perdía
Dos mártires de Jesús que su memoria,
Es digna de encomio todavía.

Pedro y Juan *llamábanles* la gente,
Pues era tan real su semejanza...
Uno cual Pedro, enérgico y prudente,
El otro cual Juan, radiante de esperanza.

Eran valdenses... la iglesia perseguida
Del poder romano que entonces gobernaba,
Tan sólo porque al Señor Jesús daban su vida
Y por ello morían... ¿Que importaba?

Y al ser llamados por Dios para que fuesen
A predicar el Evangelio a los perdidos...
No negaron el llamado que tuviesen,
Ni temieron de la muerte el ser vencidos...
Y partieron del hogar donde vivieron,
Sus años felices, entre seres queridos.

Y así fue como aquellos misioneros,
Se lanzaron por el mundo y sin temores
Anunciaron a Jesús por los senderos,
Las comarcas y ciudades con amores...

¡Oh cuán grande es el gozo que sentían!,
Por los frutos que el Señor les otorgaba;
Pues las almas el mensaje recibían,
Y *rendíanse* al que tanto los amaba.

Mas la dura impiedad que les rodeaba
No tardaba en hacerse manifiesta;
Y una tarde en que Pedro predicaba,
En un campo cubierto de floresta;
Les tomó en una forma despiadada,
Y por orden del gobierno les arresta.

En un frío y oscuro calabozo,
Pedro y Juan estaban recluidos,
Era aquel un lugar tan espantoso,
Donde sólo se escuchaban los gemidos
De aquellos que el destino desastroso,
Les tenia de terrores consumidos;
    Más en ellos el sufrir era con gozo,
    Y postrados y con débiles gemidos,
    Imploraban de ese Dios que es tan piadoso,
    Serle fieles... aunque fuesen extinguidos.

En la negra aflicción que se encontraban,
Fueron fieles al amor de su Señor;
Y con grande denuedo rechazaban,
Toda oferta de paz que les brindaban,
Si negaban la fe del Salvador.

Una tarde sombría de febrero,
Dos sombras de dolor ante la corte estaban,
Pedro y Juan llamados ante él fueron,
Ya por última vez los instigaban,
A negar la fe que proclamaban,
O a morir quemados por el fuego...

«No podré yo negar al que su vida
En la cruz del Calvario dio por mí»
Dijo Pedro con voz enternecida,
Al ponerse de pie con frenesí.

    Luego Juan, con su paciencia y mansedumbre,
    De la vida celestial de un convertido:
«Si pudiera yo decirles lo que siento,»
Dijo Juan recorriendo su mirada,
«Mas comprendo que no puedo, y lo lamento...
Porque el alma siempre calla resignada,
Y en callar... ella encuentra contento...
Más oídme tan solo un momento:

Vos pedís que reniegue de la fe,
Que confieso ante el mundo sin temor,
Más ignoran lo que piden, bien lo sé;
Y por ello os perdone el Dios de amor.

Y si vos me pidieres esta acción,
Bien la haría, os prometo lo que fuera...

Mas pedís lo que niega el corazón,
Aunque el foso me costara… no lo hiciera.
Es Jesús mi bendito Salvador;
El que hallándome perdido me salvó;
Fue tan grande el amor de mi Señor,
Que mis negros pecados perdonó.

Hoy juzgad, bien podéis, ya estáis en luz,
Nada pido en defensa a mi favor,
Y si muero por la fe de mi Jesús,
Me complazco en morir por mi Señor,
Y en ser mártir por causa de la cruz».

Otro día en la plaza «La Florencia»
Una muchedumbre curioseaba,
A dos mártires de Jesús, que sin clemencia
Ese ruego feroz les injuriaba…

Mas ellos por la gracia confortados,
Al suplicio mortal no resistieron,
Y accedieron conformes y callados,
Al madero fatal *do* perecieron…

Encendióse el fuego, ardió la llama,
Los mártires seguían consolados
Con ese amor que el corazón derrama,
La gracia de amor a sus amados…
Mas de pronto el fuego hirió sus cuerpos,
Sintieron el tormento de las llamas.

Miráronse y quedaron como yertos,
En medio de candentes flamas;

Y Pedro alzando la mirada,
Entregó su espíritu a los cielos;
Y Juan absorto contemplaba,
El cielo celeste donde estaba,
El eterno Dios de sus consuelos.
Y abriendo sus labios balbuceaba,
Mientras su cuerpo el fuego devoraba...
«Padre nuestro que estás en los cielos...»

23 de agosto de 1948

⇒≫ LA TUMBA VACÍA ≪⇐

Cuán triste y solitaria el alma se sentía
De aquellos que con gozo a Cristo recibieron,
Y al ver cumplirse en Él, la santa profecía
Oyeron su llamar... y amantes lo siguieron.

Mas, ¡Oh que desconsuelo!, ¡Jesús había muerto!
El místico Rabí que el alma transformaba;
Aquel que a su mandato... los muertos levantaba
Inerte se encontraba, en un sepulcro abierto.
Y así como la luz se pierde en lontananza,
Y llega con sus sombras la noche tenebrosa

Así también perdía la luz de la esperanza,
El pueblo que le amaba con una fe piadosa.

Mas ellos no entendían la esencia de su muerte
De Dios no comprendían su plan de redención;
Pues Él iba a morir para comprar la suerte,
Del mísero mortal y darle salvación.

«¡La tumba está vacía!», *decíanse* azoradas
Dos cándidas mujeres que aromas le llevaron
Y así exclamaron todas las gentes que azoradas,
Viniendo a aquel sepulcro, vacío lo encontraron.

Y aquella tumba sigue de honores coronada
Del pueblo que conoce la historia indescriptible.
De un Cristo que al morir… allí fue su morada,
Y Dios lo hizo vivir en cuerpo incorruptible.

Y ese Cristo vive allí donde no hay llanto;
Ni muerte, ni dolor, sólo paz y amor…
Y Él es el que intercede a ese Dios tan santo;
Para otorgar perdón al pobre pecador.

La tumba está vacía, que gozo alma mía
Saber que tu Maestro no yace en ultratumba
Y que si tú murieres fiel, tú puedes algún día
Resucitar con Él… del polvo de la tumba.

5 de febrero de 1949

Mi gratitud al Médico divino

Meditando en tus bondades, mi Señor
Me pregunto si hay algo que merezca
El haber recibido tu favor,
Y esa prueba de tu amor tan gigantesca…

Mas no encuentro esa gracia que pudiera
Ser la esencia del amor que me has mostrado;
Y al pesarme legalmente he encontrado…
Un abismo inmensurable de pecado…
Que borrarlo de mi libro bien quisiera.

Mas no fueron mis virtudes tan deseadas,
Las que obraron sólo tus bondades… Que ignoradas
Se encontraban para mí, al resignarme,
A llevar mis dolencias impregnadas,
Como un sello de dolor hasta asustarme.

Mas no eran tus designios Jesús mío
Que viviese por mis males agobiada;
Y si bien tú me viste quebrantada;
En el lecho de dolor sombrío…
De allí fui hacia ti decepcionada…
A buscar un refugio al pecho mío.

Y en mis largos recintos de amargura
Que pasé en mi alcoba solitaria,

No *faltóme* tu mano de ternura
Que viniese con amor a consolarme,
Y a través de esa vida sedentaria
Cuando nadie parecía acompañarme,
Yo sentí tu mirada de dulzura
Que borró de mi alma la amargura,
Mas no encuentro gratitud para expresarme.

Mas los años pasaban lentamente
Y mi herida sangraba todavía.
Que mi vida marchaba gradualmente
A la lóbrega tumba parecía;
Y cuando ya la esperanza se moría
Y la ciencia negó su obra humana
Tu viniste a mi lecho de agonía,
Y al oír el clamor del alma mía
Me dijiste: «¡Levántate, estás sana!»

25 de febrero de 1949

El hijo pródigo

«Hijo... ¡hijo mío!», decía quedamente
Aquél anciano de barba luenga y cana;
Y sus lágrimas vertía tristemente,
Recordando al hijo que *dejóle* ausente,
Y se marchó a la región lejana...

Fue un día de íntima añoranza,
Cuando el hijo obstinado le decía:
«Quiero marchar en *pos* de la alegría,
De tu hacienda dame la parte que es mía,
Y déjame ir en *pos* de mi esperanza».

Y desde entonces lloraba pesaroso,
Por el hijo vil que amaba tiernamente,
Y el anhelo de su pecho más ferviente,
Era el regreso del que andaba ausente,
Y no cesaba de esperarlo ansioso.

¡Oh! Si el pródigo hijo conociera,
El amor que su padre le profesa,
Mas en vano ha de ser si comprendiera
Cuando su alma le invade la vileza;

Mas el tiempo transcurre y su riqueza,
Se disuelve cual la brisa pasajera,
Y descubre en su miseria con tristeza,
La falacia de este mundo de quimera...

Y volviendo a sus recuerdos al hogar,
Se levanta conmovido y se regresa
Hacia el padre, en quien puede él hallar
El tesoro que perdió por su simpleza.

Y al llegar a la puerta de la aldea,
Un anciano se levanta presuroso;

Era el padre que al mirarle no flaquea
En abrirle el corazón lleno de gozo,
Y le estrecha entre sus brazos amoroso
¡Oh, amor que da el perdón, bendito sea!

    Padre celestial; yo era el hijo,
    Que viviendo feliz en tu rebaño,
    Me aparté por la senda del engaño,
    Que tu ley inmutable le maldijo.

    Y probé de la vida el vil estaño,
    Que se encuentra en el mundo de placeres,
    Mas, ¡Oh, caro y profundo desengaño!
    Desde el pórtico del mal en el antaño,
    Vanidad de vanidades todo eres.

    Y de allí me volví a ti agobiado,
    Por el fardo tenaz de mi conciencia,
    Que arguyendo lo vil de mi pecado,
    Me llevó a tus plantas quebrantado,
    A implorar el perdón de tu clemencia.

    Mas era tanto el dolor por mi pecado,
    Que en vano buscaba tu presencia,
    Y ya iba a volverme avergonzado,
    Sin hallar el descanso tan deseado,
    Como pago legal de mi inclemencia.

Mas entonces tu amor inmensurable,
Derramó en mi corazón tu paz divina,
Y me diste el perdón tan inefable,
Que *llenóme* de un gozo inenarrable,
Y me otorgó tu plenitud divina.

10 de marzo de 1949

✺ BIENVENIDA ✺

¡Amados hermanos, paz!
Mi alma se siente de gozo enternecida,
Al veros unidos en mutua y santa unión,
Y en el nombre del Padre os doy la bienvenida,
A los visitantes de nuestra reunión.

La iglesia local se une cordialmente,
Para daros un voto de amor y gratitud,
Por haber venido a honrarnos dignamente
Con vuestra presencia, que unida ferviente
Nos dará del Padre la excelsa plenitud.

¡Oh, amados compañeros!, tesoros celestiales,
Que habéis abandonado la calma del hogar
Para venir a unirnos en lazos fraternales,
Y unidos al Maestro divino venerar...
Que Dios os premie con dones especiales,

Que impartan en el alma fragancias divinales,
Y puedan a las almas copioso fruto dar.

Y que estos días sean de santo refrigerio,
Do el alma fatigada descanso pueda hallar,
Al recibir la paz que encierra el gran misterio,
Del alma que se entrega a Cristo sin dudar,

Y que al volver a nuestro hogar vayamos
Revestidos del Espíritu divino;
Y por medio de la gracia repartamos;
La semilla de la fe que profesamos,
A las almas que con gran desatino
Van errados a la muerte en su camino.

Y que al final de nuestra unión descienda,
Esa llama de amor que prende el alma;
Y que al marcharnos nuestro amor trascienda,
En un ósculo santo cual ofrenda,
De olor suave al recordarlo el alma.

Y si el Autor de nuestra paz quisiera,
No volvernos a ver en este suelo,
Nos consuela la esperanza venidera
De una vida eterna allá en el cielo,
Donde unidos en un mutuo y santo anhelo
Gozaremos de la eterna primavera.

27 de mayo de 1949

LA PAZ DIVINA

¿*Do* estará la paz que transformara,
Éste triste sentir del alma mía…
Y que el llanto que yo vierto… lo tornara,
En un canto de alegre melodía?

«Quizá esté en el valle…» me decía,
«Ese valle y festín que el mundo ofrece,
Es tan grande el disfraz que le atavía,
Que hasta el alma se colora y enternece…»

Y *alleguéme* a su puerta presurosa,
Contemplé la hermosura que ofrecía…
Mas la paz que buscaba… no la había,
Y *alejéme* pensativa y silenciosa…

«Quizá esté en el huerto del amor,
Do se unen comprensivos corazones…
Y reciban del amor graciosos dones,
Que reflejan de la risa el esplendor».

Y ya estando en el huerto me embriagaba,
Con el néctar fragante de las cosas;
Con las tiernas melodías me extasiaba,
Y soñaba en la paz de aquellas cosas.

Mas pasado el matiz… *tornóse* el llanto,
Y aquel dolo secreto… abrió la puerta,
Y ese huerto falaz… perdió su encanto;
Y seguí mi camino con fe incierta.

Y así fui por la vida mendigando,
Esa paz que anhelaba el alma mía…
Más *volvíme* apenada y sollozando,
Porque el mundo de quien fui la paz buscando,
Sólo duras decepciones me ofrecía.

Mas entonces me torné hacia la cruz,
Esa cruz que yo había abandonado,
Por seguir tras la senda de pecado,
Despreciando el amor de mi Jesús…

Me postré a sus plantas reverente,
Le mostré todo el llanto derramado
Por la paz que no había yo encontrado,
Por el tiempo que dejé la cruz ausente.

Y allí estaba todavía sollozando,
Cuando mi alma recibió la paz divina,
Y *tornóse* aquella noche clandestina,
En aurora de paz alabastrina;
Y seguí mi camino pregonando,
Esa paz que Jesús está otorgando,
Y que al alma le da gozo y la ilumina.

8 de agosto de 1949

El Buen Pastor

La tarde ya declina, y el místico rebaño
Camina silencioso, en pos del Buen Pastor...
Fue tanta la jornada, en el calor del año
Que vuelve fatigada, en *pos* de su Señor.

Son mil ovejuelas que van a su cuidado.
Y a todas las conoce por nombre el Buen Pastor;
Las llama dulcemente, y atienden su llamado
Y a todas les prodiga su celestial amor...

El manto de la noche ya cubre el áureo suelo;
Y aún se localiza de lejos el redil,
Y aquel Pastor presiente con triste desconsuelo,
Del lobo la acechanza y los peligros mil...

Y aquel temor que infunde el campo solitario,
Impele a aquel rebaño a unirse a su Pastor;
Se acercan mutuamente, con paso temeroso,
Y aquel temor secreto al lobo imaginario...
De pronto se convierte en hálito de horror...

Da marcha presuroso hacia el feroz canino,
Y *ofrécese* en rescate de amor por sus ovejas;
El lobo arrebata... no se oyen ya sus quejas,
Y queda allí tendido al borde del camino.

El sol de la mañana ya asoma deslumbrante
Y aún las ovejas reposan silenciosas,
Las aves con sus tristes cantares melodiosos
Anuncian con tristeza al pobre Caminante,
Que dio su vida en precio, de amor por sus ovejas.

    ¡Oh buen Jesús divino tu eres el pastor!
    Que viste compasivo al místico rebaño,
    Y al ver que agonizaba en aras del engaño,
    Viniste desde el cielo a redimir, Señor...

Y era tal tu inmensurable amor,
Que aún tu vida misma, la diste allá en la cruz,
Tan sólo porque amaste al pobre pecador...
Moriste por su culpa... mi redentor Jesús.

Y aun así el mundo te está crucificando;
Negando tu amor, tu misión y tu grandeza...
Pero hay aquí un rebaño que sigue caminando...
En *pos* de tu esperanza, tu paz y tu firmeza...

Ven pronto a recogerme, ¡Mi buen pastor divino!
Que el lobo del engaño, me acecha a cada instante.
No sea que perezca al borde del camino...
Y pierda mi corona de fúlgido diamante...

31 de mayo de 1950

Bienvenida de Navidad

Inútil considero mi humilde poesía,
Para poder expresar el sentimiento
Que en esta noche inunda de gozo el alma mía,
Por veros congregados en cándida armonía,
Al celebrar de Jesús, el nacimiento.

    No tenemos valiosos materiales,
    Para ofrecer con digna reverencia
    Un festejo, al que nació en pañales
    Y vivió cargado de indigencia;
    ¡Siendo Rey de mundos celestiales
    Que adoraban su gran magnificencia!

¡Bienvenidos seáis amados míos!
¡Bienvenidos seáis a nuestra fiesta!
En el nombre del Padre sacrosanto,
A quien damos honor porque nos presta
Esta noche de paz y gozo santo…
Para hacer recordar el alma nuestra,
Al divino Bebé de dulce encanto.

                              10 de octubre de 1950

~~~ Plegaria de Año Nuevo ~~~

Señor...
Permite que la humilde plegaria que te imploro,
Traspase hasta la excelsa morada *do* tu eres,
Y pueda recibir los dones que yo añoro,
Y ser el instrumento de paz que tu prefieres.

Señor, que este año... te imploro conmovida
Me pueda consagrar a ti sin excepciones;
Y aquello que me impida, estar a ti rendida,
Lo pueda depurar del todo de mi vida,
Y así sentir en mí tus ricas bendiciones.

No anhelo la grandeza... que este mundo ofrece.
Ni el néctar del placer mundano que provoca,
Pues esto yo lo sé, que al fin se desvanece,
Y el alma que atrapó su red, allí perece
En cruel desilusión... de aquél que se equivoca.

Concédeme tan sólo, sentir tu amor divino,
Que inunde el alma mía, de paz y de ternura,
Y así poder brillar, en todo mi camino,
E ir a consolar al pobre que el destino,
Lo ha dejado en triste y amarga desventura.

Enséñame Señor, a amar al enemigo,
Y aquél que me sonroja, volverle bien por mal...

Que pueda bendecir al que se airó conmigo,
Sin ser yo la culpable, porque le creía amigo;
¡Ayúdame a quererle, oh Padre celestial!

Y así te pido ir... por senda iluminada
Con esa luz gloriosa, que imparte tu presencia,
Hasta poder llegar, al fin de mi jornada,
Do pueda disfrutar la dicha inmaculada,
Y allí glorificar, tu gran magnificencia.

12 de enero de 1951

≈≫ AL ESCALAR MI SENDA ≪≈

Al escalar mi senda con Jesús... un día
Todo era grato... celestial concierto;
El Señor me guiaba con amor... y sonreía,
Al mirar que con mucha frecuencia me caía;
Y al dejar su sostén... todo era incierto.

Mas así caminaba lentamente
En la senda del místico consuelo...
Yo adorando a Jesús... y Él dulcemente,
Me mostraba divina y mansamente,
El camino que conduce al cielo.

Mas de pronto *caíme*... y nuevamente,
El Señor su mano me tendía,

Mas no quise escucharlo… y tristemente
Se alejó de mi lado lentamente,
Y perdí su comunión por culpa mía.

Y le vi alejarse… ¡Qué agonía!
Mas por fin le perdí entre la nada,
Y al quedarme solitario, me decía:
«He perdido ya la paz del alma mía»,
Y compungido el corazón lloraba…

Mas fue poco el clamor de mi agonía,
Pues *asíme* a mí mismo y levantarme,
Y con rara y engañosa hipocresía,
Por la senda del calvario yo seguía,
Mas del gozo que da el cielo… *olvidéme.*

Pero… ¡Oh desilusión!… un triste día…
Cuando mi fe en el amor confiaba;
Y creyendo que el goce que sentía,
De Dios mismo a mi alma descendía,
Sin saber que yo misma me engañaba.

Me condujo el error al extravío,
Y allí me abandonó a la inclemencia,
Y al volver de mi triste desvarío,
Me encontré que sangraba el pecho mío
Por los dardos que hincaban mi existencia.

Y al voltear con dolor en torno mío,
Por buscar un auxilio a mi quebranto,

No encontré al amor a mi desvío…
Y tan sólo se hallaba el Cristo mío…
Allí dispuesto a consolar mi llanto…

30 de marzo de 1951

❧ El Libro Santo ❧

Si pudiese describir mi mente,
El valor de tus páginas sagradas…
Si supiese expresar correctamente
Lo que hablan tus letras inspiradas…

Mas a mi mente finita… es imposible
Decir las glorias de divino arcano,
Y sólo expreso lo que es factible
A la humilde inspiración del ser humano.

Tú eres luz al alma del viajero
Que navega en la noche tenebrosa
De este mundo falaz y pasajero,
Que embriaga con néctar traicionero,
Y paga con muerte tormentosa.

Eres guía infalible al alma pura
Que se une con Dios en su camino,
Y halla en ti efluvios de dulzura,

Que embalsaman el alma en tu lectura,
Y le acercan más a lo divino.

Has sido para mí, ¡Oh Libro Santo!,
Faro divino al puerto tan deseado,
    Que iluminaste mi sombrío mundo,
  Cuando moría el alma de quebranto
En la terrible noche del pecado.

Y cuando siento árido el camino…
Y el alma desfallece en la jornada…
    Vengo a ti, buscando del Dios tierno,
Una promesa de su amor divino,
Que consuele mi alma atribulada.

Por eso venero, ¡oh Libro Santo!,
Voz divina de Dios a sus criaturas,
Que nos guías al reino sacrosanto
Do estaremos cuando cese el llanto,
Gozando con Jesús en las alturas.

28 de mayo de 1951

~ LA CIUDAD CELESTIAL ~

La ciudad celestial… de mi añoranza,
A la cual me dirijo en este suelo…

Es el foco que alumbra mi esperanza,
Con luz celestial que, en lontananza,
Ilumina a mi alma desde el cielo.

No habrá allí enfermedad, ni sinsabores...
Todo es santidad, amor, pureza...
Y del trono de Dios, con mil primores,
Fluye un río de agua, que a las flores
Les imparte celestial belleza.

Y a orillas de esas aguas cristalinas,
Se levanta el árbol de la vida,
Cuyas hojas... cual preciadas medicinas,
Simbolizan santidad y fe divinas
Para el alma venturosa y redimida.

Son sus muros de valiosa pedrería
Y su plaza de oro fino y transparente...
Mas no hay templo, porque Dios está presente
Y el Cordero con su gloria refulgente,
Ilumina la ciudad con armonía.

De esta Sion celestial soy peregrino,
Aunque vivo en un mundo incomprensible,
Mas... he puesto ya la mira a lo infalible,
Y ya siento esa paz mientras camino...
Que me imparte un placer indescriptible.

Y si tú, que caminas en la vida,
Sin saber el porqué de tu existencia...

Mas si escuchas esa voz de la conciencia,
Que te llama hacia Dios enternecida…
No desprecies al que a ti con insistencia
    Te desea para darte vida eterna.

                                  9 de marzo de 1952

EL JARDÍN DE MI ALMA

A mi triste jardín… al declinar el día…
Me acerqué a su puerta silenciosa…
Contemplé con ternura pesarosa
El aspecto fatal de la agonía.
Que a causa del polvo perecía,
En medio de una seca tormentosa.

Contemplé las vejadas florecillas
Que sus pétalos marchitos se caían…
Y las tristes hojitas se morían;
Todo era soledad… ya no se oían,
Los dulces trinos de las avecillas,
Que posarse en las ramas se veían,
Elevando sus alegres melodías.

Y me dije a mi misma enternecida:
«¿Qué haré para volver la vida,
A mis pobres plantitas moribundas?»

Mas de pronto *la* enigma fue vencida;
Y al tomar de aquella agua bendecida...
Tornáronse vivaz y rubicundas.

Este triste jardín de la agonía,
Tipifica mi alma derrotada;
Cuando en la lucha por el bien caía,
Y el dardo del pecado me hería,
Mi alma sedienta agonizaba.

Más entonces a solas exclamaba:
«¿Qué haré para volver a la vida,
Y el gozo que antes disfrutaba?»
Y entonces mi alma sollozaba...
Pero al volverme a Jesús rendida,
Hallé la fuente de alma bendecida...
Y la bebí hasta volver a la vida,
A las flores de mi alma atribulada.

Julio de 1952

CANTO AL AMOR

(Soneto de Navidad)

Amor... bella palabra que embalsama el alma,
Y le inunda de gracias celestiales...
Cuando desciende de Dios con dulce calma,

E imparte en lo íntimo del alma,
Fragancias de brisas divinales...

Tú eres el canto del niño que amamanta,
Cuando ríe a la madre tiernamente;
Eres el beso que una madre implanta,
Al hijo que ama dulcemente;
Eres espejo de todo lo que encanta;
Que embriagas al ser divinamente...

Por eso canto al amor, con cantos celestiales,
Brindo al amor mi adoración innata...
Creo el amor remedio de los males,
Faro que alumbra el alma del pirata,
Y le torna su escoria en fina plata,
Así obra el amor... cosas reales.

No hay otro amor, amor que supera los amores...
Un amor que perdona malhechores,
Y no guarda en lo mínimo rencores,
Mas ofrece perdón ineludible
A los viles y grandes pecadores...
Oh, amor de Dios... amor de los amores

Amor santo, sublime, incomprensible,
Que siendo esencia real de la grandeza,
Has amado un mundo de pobreza,
De manera veraz e inmarcesible;
Pues diste por amor, amor sensible,
En precio al pecado y la vileza...

¡Oh amor de Jesús!, Verbo divino,
Tú fundaste tu reino en las alturas
Mas viniste a nacer cual peregrino,
En humilde pesebre clandestino;
Y probaste las tristes desventuras,
De pobres y débiles criaturas
Que sufren los dolores del destino...

Mas era por amor que tu dejabas
    El reino inmortal de la gloria eterna,
Y era por amor, que tu alumbrabas
Al mundo... con luz de tu grandeza;
Y fue grande el amor que tú mostrabas,
Cuando en la cruz agónico otorgabas
Perdón al autor de tu tristeza.

¡Por eso canto al amor incomparable!
¡Al amor eterno de los cielos!
Al amor que ha cumplido mis anhelos,
Cuando vi mi pecado imperdonable...
Mas al oír del amor de mi Jesús...
Implórele en mis tristes desconsuelos,
Y al alzar mi mirada hacia la cruz...
Alumbró mi sendero con su luz;
Y me dio vida eterna allá en los cielos.

FIN

Un llamado... al Pastor divino

Señor... te llamo... y no respondes...
¿Qué acaso no escuchas mis clamores?
Soy yo, la ovejita que con mil amores,
Hallaste un día perdida entre las flores
Del huerto mundanal... ¿Por qué te escondes?

Mas... he de llamarte aún, Pastor divino
Con el triste clamor de mi agonía,
Ha de implorar tu auxilio el alma mía,
Hasta hacer que aparezca el nuevo día,
Que ilumine de fulgores mi camino.

Hoy vuelvo al lugar *do* me compraste,
Al precio de tu sangre derramada;
Recuerdo cuando fui por ti amada,
Aquel día que en tus brazos fui tomada,
Y a tu santo redil... tú me llevaste...
Mas hoy vuelvo a ti avergonzada,

Por haber tus caminos despreciado...
Pues el mundo falsamente me ha engañado...
Y las cosas que miré con tanto agrado,
Hoy son causa de mi alma atormentada.

Yo comprendo no ser ya cual antes fuera...
Cuando el gozo de tu amor me consolaba,

Y en tu pecho Señor, me reclinaba,
Y tus dulces palabras meditaba…
Mas ahora… cuán distinto a lo que era.

Hoy me arrastro tristemente en la miseria
    De mi cuerpo y alma
Y de tanto caminar estoy cansada,
Pues tú ves que estoy perniquebrada,
Y no tengo sanidad en mi materia.

Y sollozo ante ti con insistencia
Porque fuera de ti no hallo la calma,
Y de angustia gime con dolor el alma,
Hasta hallar tu perdón… y tu presencia.

Fin

Ya no siento piedad

Ya no siento piedad hacia el hermano,
Que ya vive de Dios en su camino;
Y que habita al abrigo del Dios trino,
Y convive las glorias del arcano…

Ya no siento piedad hacia el que vive,
Y recibe por Dios sus desventuras;
Y que torna en placer sus amarguras,
Y así sufre en amor lo que recibe…

Solo siento piedad hacia el hermano,
Que ya llega a la edad de la dolencia...
Y no encuentra la paz de su conciencia,
La cuál roe, un sórdido gusano...

Para aquél que negó a su edad florida,
Conocer el consejo del Eterno...
Y negó al Espíritu la vida...
Y sembró un triste ideal para su invierno...

Como siento piedad hacia el que añora,
Conocer el porqué de su existencia...
Mas resiste a la voz de su conciencia,
Que rebela su alma pecadora...

Y así vive entre sombras tenebrosas,
Cuando el día del fin se ha acercado...
Y al fin muere de penas abrumado;
En medio de angustias silenciosas...

    Que mi sana piedad sea un mensaje,
    Para ti pecador que vas, ¿A dónde?...
    Detente un poco... lee este mensaje...
    Vuelve tus pasos hacia Dios y ponte
    A sembrar de flores tu inseguro viaje.

27 de marzo de 1953

Adelante juventud cristiana

Oh cara juventud que vais marchando
En pos de un ideal santo y potente,
Sigue adelante con tesón luchando,
Y a las huestes del diablo derrotando,
Con la gracia del Dios omnipotente.

No medres hacia el dardo clandestino,
Que te hiere con indómita insistencia,
No desmayes a la vuelta del camino,
Porque hallaste un tropiezo a tu destino,
Que manchara tu cándida inocencia.

Sigue adelante y con valor proclama
La palabra del Dios omnipotente,
Sigue adelante y sin temor reclama
Las promesas del Dios omnipotente,
Y en tus momentos de ansiedad aclama
Al que puede ayudarte reverente.

Tuya es la victoria, ten confianza,
En las promesas que el Señor te diera…
Y con ellas destruye la quimera,
Que se anida en el alma y con templanza,
Sostén tu santidad con fe sincera.

Y al final de tu camino allí te espera
Un país celestial de hermosos suelos,
Do veras coronados tus anhelos,
De poder contemplar al que te diera,
Una vida eternal allá en los cielos.

13 de mayo de 1953

≈≈≈ Noche serena ≈≈≈

Noche serena… cándidas estrellas
Destilan su tenue luz en lontananza…
Y al mirarlas exclamo: «¡Oh cuán bellas
Son las obras de Dios de mi alabanza!»

La galaxia se extiende majestuosa
A través del cielo engalanado,
Como obra real y esplendorosa…
De divino Autor de lo creado.

Y me digo a mí misma consternada:
«¡Es la obra de Dios tan majestuosa,
Que mi alma se siente conturbada
Al alzar a los cielos mi mirada,
Y mirar en ellos la mansión gloriosa!»

¿Qué es ante ti el ser humano,
Qué compone ante ti mi ser corpóreo?

Sólo un soplo venido de tu mano,
Que navega en un mundo transitorio,
Para ser convertido en vil gusano...

Y ya que nada soy terrenalmente...
Nada quiero ofrendar al alma mía,
Sólo quiero vivir eternamente...
En el reino de Dios que está presente,
    Para ser convertido en vil gusano...

Noche serena... cándidas estrellas;
Destilan su luz en lontananza...
Y al mirarlos exclamo... «¡Oh cuán bellos
Pues confirman la fe de mi esperanza!»

22 de julio de 1952

EL MÁRTIR DE NIZA

De espesa barba y singular sonrisa,
Ojos profundos de mirar sereno;
Dan un aspecto de piedad al bueno,
Y gentil héroe de la cruz; en Niza.

Era Marcial de Lacarena Hurtado
Un fiel seguidor del Nazareno...
Pues su vida le había transformado
En un hombre compasivo y bueno...

Y al presentar su convicción bendita
En el recinto del hogar paterno,
Fue despreciado; y aún su madrecita
Siendo tan buena se tornó inaudita...
Y *echóle* en los rigores del invierno...

Mas no desmayó en su corazón ardiente,
Ante la prueba fatal e inesperada;
Y elevando al cielo su oración ferviente,
Prosiguió con ánimo sonriente
Cuál estoico paladín de una cruzada.

Y al llegar *do* el Espíritu le guiaba,
Quiso el Señor probarle todavía...
Cuando la ley a morir le condenaba,
Por sospechar que la fe que predicaba,
Era una oculta intriga que reunía...

«Soy creyente de Jesús el Nazareno,
Dijo en tono vivaz al confesarlo,
Y no tengo otro delito, estoy sereno...
Y si por ello he de morir, no temo
Y estoy pronto a morir, mas no a negarlo».

Y al subir hacia el cadalso
Levantó su mirada al firmamento...
Y una lágrima rodo furtivamente;
Mas *tornóse* su mirar sonriente,
Y una luz celestial bañó su frente...

Si vio el rostro de Dios ese momento,
Me pregunto con tesón ardiente;
Cuando entregaba su postrer aliento,
A su Señor por quien murió inocente.

22 de junio de 1953

AL PASTOR (EN SU CUMPLEAÑOS)

Oh amado pastor, en este día,
Gozo y placer inundan nuestra alma…
Al poder conservarte todavía
Pastoreando tu grey con dulce calma.

Esta iglesia se une mutuamente,
Para darte el parabién, ¡Oh caro hermano!
Y desear para ti humildemente…
Un cumpleaños feliz con gozo sano.

Que Dios derrame en ti copiosamente,
Dones preciosos de fe y sabiduría…
Que lleven la luz de Dios perennemente,
A las almas de las cuales eres guía.

Dios te bendiga hermano y te deseamos,
Muchos días felices como este,
Donde unidos con gozo compartamos,
Los favores que el Señor nos preste.

Y al terminar tu carrera en este suelo,
Cuando el ocaso opaque tu fulgente luz;
Cuando remontes hacia el áureo cielo,
Do te espera el premio de la cruz...

Gozo indecible allí compartiremos,
En unión de los ángeles de luz;
Y ya nunca adioses nos diremos;
Porque unidos por siempre estaremos
Dando gloria al nombre de Jesús...

1 de agosto de 1953

CUMPLEAÑOS

Se ha llegado el día tan deseado
De tu feliz aniversario, ¡amado hermano!
Y venimos unidos con agrado
A extenderte con gozo nuestra mano.

Queremos hoy felicitarte,
Con mutuo y sincero sentimiento,
Y a la vez deseamos demostrarte
Nuestro aprecio en fiel compartimiento.

Un cumpleaños feliz hoy te deseamos,
Y Dios te guarde fiel a su servicio...

Siendo un instrumento en sus divinas manos
Para dar a las almas libertad del vicio.

Recibe este humilde ramillete
De flores que con gozo te ofrendamos;
Como un símbolo que hoy conmemoramos
El día feliz en que hoy felicitamos
Al siervo de Dios a quien amamos,
Y que la dicha nuestro Dios complete.

6 de agosto 1953

❦ El gusano y la rosa ❦

En el huerto feliz de almas venturosas…
Que Dios mismo engendró para su gloria,
Oyóse el trino fragante de las rosas…
Almas que son para el Señor preciosas,
Redimidas del mundo y de la escoria.

En ese huerto de amor y de inocencia,
Do la gracia de Dios está presente,
Hay un mísero ser que va hacia el frente,
Se arrastra, camina lentamente,
Mas allá vuelve a caer casi impotente
Y se queda sin hallar clemencia.

Es un gusano vil que en su miseria
Siente el anhelo ardiente de ser rosa,

Mas hay un abismo inmenso… su materia:
  ¿Cómo tornar en flor bella y hermosa
  Un mísero ser tan deplorable?
  ¿Cómo cambiar en flor tan candorosa
  Una condición tan detestable?

Mas de pronto una obra gloriosa se ha operado,
En el mísero ser de vil aspecto;
Ya no es un inmundo e infeliz insecto,
Pues la gracia de Dios lo ha transformado
En libre y esplendente mariposa.

Y al sentir su conversión tan venturosa…
Eleva el vuelo y sube hacia la altura
Y al estar en los aires con ternura
Contempla abajo con desdén la rosa
Y el recordar su antigua desventura,
Eleva a Dios un canto de dulzura
Y vuelve a morar muy cerca de la rosa.

Fin

LUCES EN MEDIO DE MIS SOMBRAS

He llegado al valle de sombras y de muerte,
Mi alma se sumerge en el ocaso…

Y las negras nubecillas de mi suerte,
Se aglomeran tras de mí con mano fuerte
En la noche de tristeza por *do* paso...

Tristeza, enfermedad, dolor y llanto
Tan sólo se contempla en derredor;
Mi alma ya no encuentra solaz en el encanto,
La noche lo ha cubierto de sombrío manto,
Y solo gime y llora de penas y dolor.

¿Qué acaso las tristezas que atañen mi destino,
No vienen de tu mano, mi Dios y mi Señor?
Segura estoy y cierta que todo mi camino,
Alumbras con tu luz la ley de mi destino;
E impartes a mis sombras, tus hábitos de amor.

Mas quiero continuar viviendo entre las sombras,
El cáliz del dolor tomarlo hasta su hez;
Pues hay un canto sacro en medio de mis sombras,
Un canto que simula la voz de las alondras,
En medio de un vergel de hermosa candidez.

El canto que celosa mi alma atribulada,
Y en medio de mi noche fulgura con su luz,
Es sólo tu presencia veraz e inmaculada
Que habita en mi alma y has hecho tu morada
En este corazón, mi Dios, mi Rey Jesús...

Ya nada soy de mí... tú eres mi Señor,
Dispón tu voluntad... ordena mi vivir,
Me es igual en ti, la risa o el dolor,
La sombra o claridad, el odio o el amor.
Tan sólo estar en ti es todo mi existir,
    La sombra, claridad; dispón de mí Señor.

14 de mayo de 1954

A MI MADRE

Cantan las notas de mi alma ahora.
Dia feliz... ¡Oh madre tan amada!
Doy gracias a Dios por esta nueva aurora,
En que puedo escuchar tu voz dulce y sonora
Muy cerca de mí, ¡Oh madre venerada!

Veo tu faz, y con amor contemplo,
Esa mirada de ternura llena...
Eres, ¡Oh madre!, cuál de Dios un templo,
Que reflejas amor para mi ejemplo,
De tu alma tenaz e inmaculada.

    Surcan los años tus mejillas
Tu cabello se ha vuelto más blanco que el marfil,
Huellas de luchas anidadas mil
Que has sufrido con brazo varonil,
¡Oh madrecita... bendecida seas!

Y cuando llegues al final de tu jornada
Y tu alma remonte el áureo suelo...
Cuando tu lucha aquí sea terminada,
Y para siempre te alejes de este suelo...
¡Oh madre... da a Cristo tu postrer mirada!
Tu alma sea santificada;
Y así nos veremos en el cielo.

17 de marzo de 1954

≫≫ MEMORIA A MI PADRE ≪≪

Padre... padre mío... si supieras
Lo que sufre mi corazón...
Cuando pienso dignamente lo que eras;
Y te has ido a tu célica mansión.

Hoy contemplo claramente que eras bueno,
Y que sólo procuraste nuestro bien;
Y tan sólo me entristezco, sufro y peno
Por no haber correspondido a ti también.

Los consejos infalibles que nos dabas,
Eran sólo a cumplir nuestro deber,
Y si austero con tus hijos te mostrabas,
Así pude yo enseñarme a obedecer.

El trabajo incesante fue tu lema,
De honradez y exactitud nos diste ejemplo
Y tu nombre, padre mío, aún resuena;
Y aunque has muerto, tus virtudes yo contemplo.

Más *llegóse* el momento inenarrable
En que habías de marcharte de este mundo.
Tu agonía fue la paz incomparable,
Que Dios da al confeso moribundo…

Y te fuiste de nosotros, ¡Padre amado!
Y tan sólo tus recuerdos nos dejaste…
¡Si supieras cuánto he por ti llorado,
Desde el día en que solos nos dejaste!

Mas la vida es tan solo peregrina,
Por las leyes que el Creador nos impusiera;
Y al llegarse nuestro día, se termina
Y llegamos al final de la carrera…

Hoy tan solo queda en mí una esperanza,
El volver a mirarte allá en el cielo…
Donde unidos para siempre en lontananza
Elevemos hacia Dios nuestra alabanza,
Padre mío, ese es todo mi consuelo.

15 de junio de 1954

EL PARAÍSO PERDIDO

En el principio cuando Dios hiciera
Una creación idílica, terrena...
Cuando la mano del Creador nos diera
Un mundo perfecto donde todo era,
Obra perfecta y de hermosura llena...

¡Oh! Quién diera eternizar estos primores,
El huerto del Edén con sus vergeles;
Exhala el aroma de las flores,
Y el ave cantora en los laureles
Eleva hacia Dios trinos de amores...

Érase entonces la edad de la inocencia
Eva y Adán criaturas celestiales,
Eran reflejo de Dios; y la obediencia
Era el secreto de vivir sin males,
Cubiertos de amor, de fe y benevolencia...

Más, ¡ay de ellos!, que aunque Dios los hizo
A imagen de su fúlgida existencia...
Pecaron, al comer lo que Él no quiso,
Perdiendo así su cándida inocencia
Y de Dios el divino paraíso...

Es de entonces un mundo de inclemencia
De miserias, de llanto y de dolor
En que el hombre es esclavo en su conciencia
De sus vicios, pasiones y él solo
No comprende el porqué de su indolencia.

En la cosecha fatal que Adán primero,
Sembrara en el mundo en lo pasado;
Y hoy vamos recogiendo en lo postrero,
El fruto mortal de su pecado...

Mas Dios en su amor inmensurable,
Hacia el mísero ser de sus anhelos...
Al ver su condición tan deplorable,
En que el hombre vivía en estos suelos...
Dio a Cristo, ¡El Cristo incomparable!
A traer salvación, paz y consuelo,
Al pobre mortal que miserable,
Buscara en Él, la fuente inagotable
De eterna salvación, allá en los cielos.

1 de julio de 1954

A MI ESPOSA AMADA

Al volver mi memoria a lo pasado
Hacia el día feliz que nos unimos...

Y al pensar que el Señor nos ha guardado
En la senda feliz en que vivimos…

Hoy doblo mi rodilla reverente,
Ante el Dios a quien sirvo con agrado;
Y doy gracias por habernos conservado
El amor que nos une mutuamente…
Y que Él mismo lo ha santificado.

Los años han pasado… ¡Esposa mía!
En que moras aquí junto a mi lado;
Y desde entonces en mí siento alegría,
Pues tornaste mis tinieblas día,
Cuando pude comprender, ¡Oh amada mía!,
Ese gran corazón… que no ha cambiado.

13 de septiembre de 1954

✎ Te seguiré Señor ✎

Maestro a ti yo vengo… me llamas, bien lo sé…
Ha tiempo que yo escucho tu angélico llamar,
Me era algo triste dejar mi dulce hogar,
Mas ya he decidido seguirte por la fe.

Contigo iré doquiera me lleves Señor
Si quieres que descienda al valle de la humildad

Allá iré contigo tan solo por tu amor
He dicho que yo quiero seguirte con lealtad.

Yo sé que desde ahora mi vida ha de cambiar,
Si antes poseía, hoy nada he de tener,
Dejarlo por tu amor, ¿Qué vale renunciar
Si sólo me complace ser fiel y obedecer?

Maestro, ya no quiero los bienes disfrutar,
Mejor tu dulce yugo lo tomo con amor,
Pues sé que los placeres no pueden ya saciar
Mi alma, que tan solo descansa en ti Señor.

La hora se ha llegado, los campos dan sazón,
Las mieses ya maduras esperan segador,
Maestro, a ti yo ruego de todo corazón,
En ésta gran tarea… confórmame Señor…

Ahora ya resuena en mi alma una canción,
Descanso en tus promesas y sé que eres veraz,
Perdiendo he ganado la paz del corazón,
Y estando tú a mi lado… ¿Qué importa lo demás?

22 de septiembre de 1954

EL CLÍMAX DE MI ALMA

El clímax de mi alma es algo incomprensible,
Yo misma me pregunto si al fin podré llegar
Al clímax que mi alma implora, o imposible
Me sea en esta vida el clímax alcanzar.

A veces me confundo pensando si encontrara
En algo de la vida que pueda disfrutar…
Y al ser hallado el algo con ansia anhelada,
Mi alma en vez de gozo, se pone a sollozar.

Mi alma no añora honores terrenales,
Ni oro, ni diamante anhela atesorar;
Mi alma solo implora tesoros celestiales
De Dios y al cielo dones implora sin cesar.

Yo sé que solamente en Dios está mi anhelo,
Que en Él mi alma entera encuentra protección;
Mi vida solamente anhela el raudo cielo,
Y allá podré encontrar mi gran satisfacción.

Ahora aquí navego, mi alma va sedienta,
No encuentro ya en la vida el puerto de la paz,
Mas en ultratumba está lo que me alienta…
El Dios a quien deseo, y amo más y más.

Marzo de 1956

A UNA COMPAÑERA

En el santo jardín de almas redimidas
Donde el Señor plantó sus rosas celestiales,
Hay flores bellas que son inadvertidas;
Aun cuando emanan efluvios divinales...

Y en ese huerto de amor y de inocencia,
En un rosal de flores candorosas,
Dos rosas blancas de cándida apariencia,
Uniéronse cual tiernas mariposas...

Y era tanto el amor que las unía...
Que sus perfumes unidos exhalaban;
Y si en invierno la escarcha les hería,
Unían sus pétalos y así se consolaban.

Y ellas fueron la esencia del amor,
De ese amor que al alma le sorprende,
Y eran amadas también por el Señor,
Quien con dulce ternura les atiende.

Mas una triste mañana del estío
Una espina fatal hirió una rosa,
E hincado el corazón murió de frío,
Y sus pétalos cayeron en la loza...

Y la rosa compañera se decía:
«¿Dónde estás mi amada florecita?»,
Mas tan solo un silencio respondía
A la rosa solitaria… ¡Pobrecita!

Y llorando de pesar allí en el huerto,
Al divino Jardinero le decía:
«La rosa que yo amaba, se ha muerto
Y no encuentra ya solaz el alma mía».

Él entonces la tomó con dulce encanto,
Y *llevóla* al jardín de la esperanza,
Donde reina la piedad y el gozo santo,
Y al mirar su florecilla en lontananza
Que gozaba del huerto sacrosanto,
Ella ha vuelto a vivir con más confianza.

Y la rosa que murió vive en el cielo,
Donde espera a su dulce compañera,
Que comparta de sus goces es su anhelo
Mientras llega la eterna primavera.

Fin

A UNA HERMANA (EN SU CUMPLEAÑOS)

A ti, gentil hermana mía…
Dechado de amor, y de virtudes…
Quiero ofrendar mi humilde poesía,

Hoy que cumples tus años este día,
Loando así, tus cándidas virtudes…

Dios te guarde, así como hasta ahora,
Alegre, tenaz e inmaculada,
E inunde tu alma bienhechora
De gracias que alumbren cual la aurora,
La noche del alma atribulada…

Sigue adelante en *pos* del buen Jesús,
Rinde a Él tu voluntad y espera,
Dios ha de bendecirte en gran manera,
Pues fiel es Dios al que en Jesús espera,
Y vive al amparo de la cruz…

Sigue alumbrando tu senda peregrina,
Con la gracia que el Señor te diera;
Sigue llevando al alma que camina,
Y da vida celestial al que la quiera.

Y al final de tu vida allá te espera,
La corona de la vida inmarcesible;
Que Dios ha prometido al que creyera
En el don inefable que nos diera
De su hijo el Cristo indescriptible.

¿Que eres fiel?… lo sé hermana mía,
Y sólo he querido en este día,
Felicitarte en mi humilde poesía.

FIN

A UNA MADRE ENFERMA (CANTO)

Tócala Señor,
Tócala Señor
Pon tu mano de amor
Y quita su dolor.

Esta ancianita
Ya quiere partir
A donde la vida
No la haga sufrir.

Esta linda ancianita
Ya quiere partir
Donde la vida
Ya no la haga sufrir.

Por fin te fuiste
Madre de amor,
Ya conociste
El rostro del Señor.

Sólo nos queda
Tu grande amor,
Que nos consuela
En nuestro dolor.

CERCA YA AL OCASO DE MI VIDA

Cerca ya al ocaso está mi vida,
Ya contemplo los últimos fulgores,
Que al ponerse mi sol, dan despedida,
A la vida mortal, con mil amores.

No fue triste vivir, bien lo comprendo,
Porque pude encontrar en Dios mi guía;
Y si luchas pasé... hoy no lo entiendo,
Mas yo sé que al final... la gloria es mía.

Yo sé que en el mundo, ya no existo
Desde el tiempo que a Dios me he consagrado,
Mas perdiendo mi vida *halléla* en Cristo,
Y al hallarla, ya todo lo he ganado.

Hoy me siento feliz y complacida
Al saber que no vivo de mí misma,
Y la gracia de Dios inmerecida,
Me ha hecho valiente y optimista.

¿Que ha llegado el final?, que placentero...
Morir cuando se lleva una esperanza...
De una herencia legal, y sin dinero,
Que Cristo nos guarda en lontananza.

Por eso este adiós no lleva llanto,
Me despido del mundo sin tristeza,
Ya al dejar de existir, empieza el canto,
Allá donde la vida empieza...

Fin

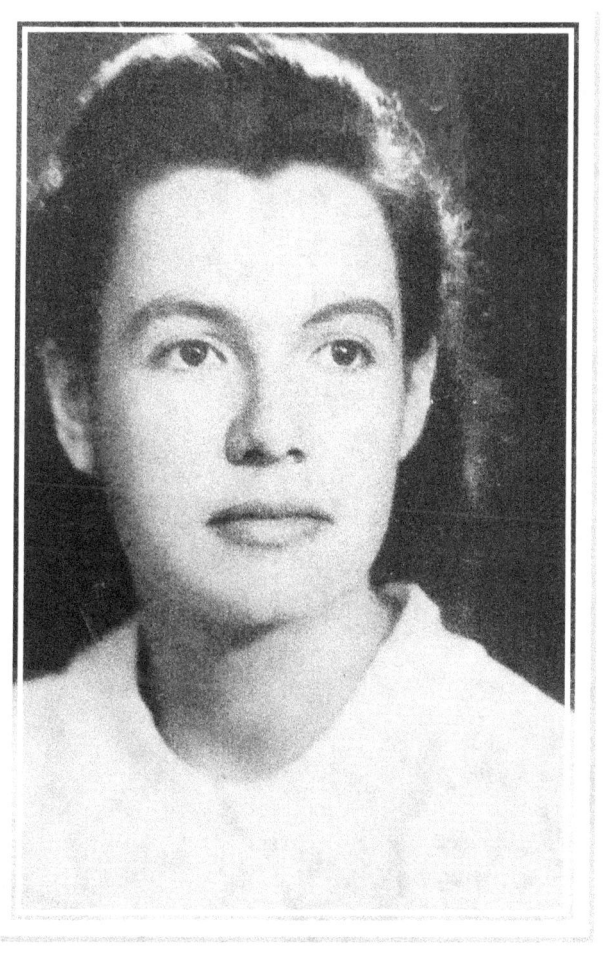

Eva Cruz Salinas de Guajardo 1920-1992

PALABRA PURA
palabra-pura.com

La editorial Palabra Pura está dedicada a crear materiales de educación cristiana pentecostal y carismática para el estudio personal, la iglesia e institutos bíblicos. Usted puede consultar los cursos y recursos que ofrecemos en nuestra página web:

www.Palabra-Pura.com

Gracias por ser parte de nuestra comunidad de lectores y darnos el privilegio de servirle.

¡Dios le bendiga!

www.ingramcontent.com/pod-product-compliance
Lightning Source LLC
Chambersburg PA
CBHW052205110526
44591CB00012B/2090